*Dagmar Pflug*

# Sich-fühlen • mit-fühlen • wohl-fühlen

Methodenhandbuch zur Thematisierung von Gefühlen. 14 Gefühlskarten für die Arbeit mit Kindern und Jugendlichen

*Dagmar Pflug*

# Sich-fühlen • mit-fühlen • wohl-fühlen

Methodenhandbuch zur Thematisierung von Gefühlen
14 Gefühlskarten für die Arbeit mit Kindern und Jugendlichen

BORGMANN
MEDIA

Unser Buchprogramm im Internet
www.verlag-modernes-lernen.de



**Veröffentlicht in der Edition:**
***BORGMANN MEDIA*** **GmbH & Co. KG**
**Schleefstraße 14 • D-44287 Dortmund**

3. Aufl. 2019
Gesamtherstellung in Deutschland: Löer Druck GmbH, Dortmund

Bestell-Nr. 9448 ISBN 978-3-942976-03-9

**Seite**

## Einleitung

**Gefühle** wirken sich nicht nur auf unser Wohlbefinden aus, sondern auch maßgeblich auf unsere Lebensgestaltung: Sie beeinflussen die Art und Weise, wie wir uns Herausforderungen stellen, mit anderen Menschen in Kontakt treten oder auch Konflikte lösen.
Aus unterschiedlichen Gründen fällt es nicht immer leicht, Zugang zu den eigenen Gefühlen zu finden, sie zu benennen und einen adäquaten Umgang mit ihnen zu finden. Dabei sichert genau dies das Wohlbefinden, welches wir anstreben. Insbesondere für Kinder und Jugendliche ist der Umgang mit den eigenen Gefühlen und den daraus entstehenden Impulsen eine wesentliche Entwicklungsaufgabe, bei deren Bewältigung die Gefühlskarten einen wertvollen Beitrag leisten können.

**Die Karten** haben einen hohen Aufforderungscharakter und nutzen die naturgegebene Neugierde. Sie spiegeln den eigenen Zustand wider und helfen so erfolgreich, die eigene Befindlichkeit bewusst wahrzunehmen. Mit dem Benennen des Gefühls wird der Weg bereitet zur konstruktiven Auseinandersetzung mit ihm, Trost und Verständnis können erfahren, Freude kann geteilt werden, Empathie wird möglich sowie die Klärung von Konflikten. Ein wertschätzender, vertrauensvoller Umgang wird geübt und verbessert das Miteinander. PädagogInnen erhalten einen wertvollen Einblick in das Innenleben der ihnen anvertrauten Kinder / Jugendlichen und können dies in ihrer weiteren Arbeit berücksichtigen.

**Die Gefühlskarten** sind besonders geeignet für

- Menschen jeglichen Alters ab 4 Jahren
- den gezielten Einsatz zur Konfliktbearbeitung oder bei Mobbing
- den Aufbau eines wertschätzenden Umgangs in Schule, Hort oder Kindertagesstätten
- Angebote zur Gewaltprävention und für die Vermittlung sozialer Kompetenzen (Verbesserung der Eigen- und Fremdwahrnehmung, Förderung der empathischen Fähigkeiten, des Selbstbewusstseins, der Impulskontrolle, der kommunikativen Fähigkeiten)

**Regeln** bei der Nutzung:

- Es gibt beim Benennen der Gefühle keine Wertung durch einen Anderen in Form von „stimmt nicht“, „falsch“, „richtig“ o.ä.
- Niemand wird ausgelacht
- Zeit lassen zur Auswahl, die meisten Menschen überlegen sehr genau, welche Karte sie wählen
- Würdigung des Gesagten ggf. durch kurzes Eingehen darauf oder Spiegeln durch den / die GruppenleiterIn, Dank für den Beitrag
- Ausreden lassen

**Interpretationsmöglichkeiten der Karten:**

Entspannt, harmonisch, sich rundherum wohl fühlend

Zufrieden, heiter, glücklich, ausgeglichen, offen für Neues

Richtig gut gelaunt, dynamisch, energiegeladen, schwungvoll, superglücklich, leicht, triumphierend, fröhlich

Erschreckt, ängstlich, bedroht, bedrängt

Gehetzt, gestresst, überfordert, beobachtet, kontrolliert

Müde, gelangweilt

Abwartend, skeptisch, aufmerksam, keine besondere Gefühlsregung

Verlegen, schüchtern, zerknirscht, ratlos, schuldig

Ruhebedürftig, überfordert, Sehnsucht nach Schutz, nach Geborgenheit, schamhaft, schüchtern, krank

Neugierig, ängstlich, abwartend, schüchtern

Erschöpft, einsam, ratlos, zweifelnd, hilflos, orientierungslos, resigniert, hoffnungslos

Beleidigt, bockig, eingeschnappt, böse, nachtragend, ungerecht behandelt

Traurig, resigniert, enttäuscht, mutlos

Zornig, gereizt, wütend, aggressiv, zum Platzen

## Stimmungsabfrage vor Gruppensettings

### Ziele:

- etwas über die Befindlichkeit der einzelnen Gruppenteilnehmer erfahren
- etwas über die Stimmung in der Gruppe erfahren
- die Teilnehmer über das Medium „Gefühlskarte“ anregen, über ihre Befindlichkeit nachzudenken
- den Teilnehmern die Erkenntnis ermöglichen, dass parallel unterschiedliche Gefühle mit unterschiedlichen Verknüpfungen bestehen können
- den Teilnehmern Gelegenheit geben, Gefühle mit Hilfe der Karten differenziert zu benennen
- den Teilnehmern Gelegenheit geben, von sich zu erzählen, Kontaktmöglichkeit schaffen

### Anleitung:

Die Karten werden gut sichtbar ausgebreitet. Nacheinander darf sich jeder maximal zwei Karten nehmen und in wenigen Sätzen sein Gefühl beschreiben / benennen und ggf. begründen.
Beispiel: Ich fühle mich wohl und bin zufrieden, aber auch ein wenig unsicher, weil ich noch nicht weiß, was mich jetzt hier erwartet.

### Anmerkungen:

Unbedingt vorher die Gesprächsregeln festlegen: Zuhören, Redezeit, keine Beleidigungen (z.B. „Ich bin wütend, weil N... total doof ist und... „), kein Auslachen, von sich selber reden.

Auf konkrete Benennung der vorherrschenden Gefühle drängen. Häufig und vorrangig bei erstmaliger Anwendung der Karten, nehmen sich Teilnehmer eine Karte und sagen dazu: „Ich fühle mich so!“ Hier kann Nachfragen helfen, das Gefühl zu konkretisieren. Ggf. können Vermutungen geäußert werden, was die Karte bedeuten könnte.

Beim Äußern heftiger Emotionen kann kurz darauf eingegangen werden: „Bist du dennoch in der Lage, hier mitzuarbeiten? Was würde dir jetzt gut-tun?"
Auch wenn Letzterem nicht immer stattgegeben werden kann, vermindern diese Fragen die Spannung beim Einzelnen und richten den Blick auf einen verantwortungsvollen Umgang mit sich und der Gruppe.

Wenn der Gruppenleiter anfängt, so können sich die Teilnehmer an ihm orientieren und finden Sicherheit.

Diese Methode kann gezielt angewendet werden bei unklaren Gruppensituationen, in denen ein Konflikt zu schwelen scheint. Sie dient dann als Türöffner für die weitere Bearbeitung. Die Fragestellung kann erweitert werden in: „Welches ist das vorherrschende Gefühl, das ich in dieser Gruppe habe? Fühle ich mich damit wohl? Was müsste passieren, damit sich daran etwas ändert? Was kann ich dazu beitragen?"

**Variante:**
Bei großen Gruppen ist es oft einfacher, bestimmte Karten auf Tische im Raum zu verteilen und die Gruppenteilnehmer zu beauftragen, sich zu der Karte zu stellen, die am besten zur derzeitigen Stimmung passt. Auch auf diese Weise lässt sich schnell ein Stimmungsbild der Gruppe erfassen. Teilnehmer, die bei der Wut- oder Traurigkeitskarte stehen, sollten unbedingt gefragt werden, ob sie hierzu etwas erzählen wollen.

# Stimmungsabfrage vor Schlichtungsgesprächen

## Ziele:

- Den Konfliktpartnern Einblick in die Gefühlslage des anderen ermöglichen
- Empathie fördern
- Ähnlichkeiten in der Befindlichkeit erkennen
- Blick auf Lösung und Klärung lenken

## Anleitung:

Die Gefühlskarten liegen aufgedeckt auf dem Tisch. Vor dem eigentlichen Gespräch dürfen sich die Konfliktpartner jeweils die für sie zutreffende Karte heraussuchen und ihr vorherrschendes Gefühl benennen, ggf. kurz begründen. Anschließend darf von jedem eine weitere Karte gezogen werden, die beschreibt, mit welchem Gefühl das Gespräch verlassen werden soll.

## Anmerkungen:

Jeder sollte die gleiche Zeit hierfür zur Verfügung haben. Auf die Einhaltung von Regeln achten.

Häufig wählen die Konfliktpartner ähnliche Karten. Zu erkennen, dass es dem anderen und vielleicht vermeintlich Stärkeren ähnlich geht, bildet eine gute Basis für einen lösungsorientierten Gesprächsverlauf.

## Gesprächsspiel I

### Ziele:

- etwas über die Teilnehmer erfahren
- Gesprächsanlässe schaffen
- den Teilnehmern ermöglichen, Befindlichkeiten mit äußeren Bedingungen verknüpfen zu können

### Anleitung:

Die Karten liegen verdeckt auf dem Tisch. Nacheinander nimmt jeder eine Karte, benennt das Gefühl und erzählt etwas dazu zu folgenden Fragen:
„Erinnerst du dich an eine Situation, in der du dich so gefühlt hast?"
„Wie lange liegt dies zurück?"
„Fühlst du dich häufig so?"

### Anmerkungen:

Auf die Einhaltung von Gesprächsregeln achten, Redezeit.

### Variante:

In kleinen Gruppen können die übrigen Teilnehmer mit einbezogen werden, indem sie gefragt werden, ob sie diese oder ähnliche Situationen kennen. Ggf. kann auf das Erzählte eingegangen, und es können zusätzlich Sachinformationen eingeholt werden, wie z.B.:
„Wer tröstet dich, wenn du traurig bist?"
„Streitest du dich oft mit ... ?"

### Tipp:

Das Spiel kann gut als Einstieg vor einer Konfliktbearbeitung verwendet werden.

# Gesprächsspiel II

## Ziele:

- Auseinandersetzung mit dem Umgang mit Gefühlen
- Reflexion des Verhaltensrepertoires hinsichtlich eines angemessenen Umgangs mit Gefühlen
- Austausch
- Bewertung von Verhaltensstrategien

## Anleitung:

Die Karten liegen verdeckt auf einem Stapel. Nacheinander wird eine Karte gezogen und aufgedeckt. Das Gefühl wird benannt und die Frage beantwortet, was derjenige macht, wenn er das aufgedeckte Gefühl hat. Z.B.: „Wenn ich wütend bin, dann schreie ich laut!“
Die übrigen Teilnehmer können eigene Verhaltensweisen dazu ergänzen. Auf Zettel werden die unterschiedlichen Verhaltensstrategien geschrieben, und es folgt eine Bewertung durch die Gruppe unter der Fragestellung: Hilfreich? Konfliktlösend? Nebeneffekte?

## Anmerkungen:

Auf die Einhaltung von Gesprächsregeln achten.

## Variante:

Neben dem Stapel mit den Gefühlskarten liegt ein Stapel mit Namen der Gruppenteilnehmer. Von jedem Stapel wird eine Karte gezogen und eine Vermutung geäußert, wie derjenige, dessen Name gezogen wurde, sich im Falle des gezogenen Gefühls verhält. Übertreibungen können das Gesprächsspiel auflockern.

## Pantomime

### Ziele:

- Förderung der Wahrnehmung
- Gefühle erkennen können
- Gefühle darstellen können
- Förderung der empathischen Fähigkeiten

### Anleitung:

Die Karten liegen verdeckt auf einem Stapel. Nacheinander zieht jedes Gruppenmitglied eine Karte und stellt das abgebildete Gefühl pantomimisch dar. Die übrigen Teilnehmer raten, um welches Gefühl es sich handelt.

Ggf. können auf DIN-A4-Bögen nach folgendem Beispiel Beobachtungen vermerkt werden:

| *Gefühl* | *Körperhaltung* | *Mund* | *Augen* | *Arme / Hände* |
|---|---|---|---|---|
| wütend | angespannt, nach vorn | zusammengekniffen | schmal | Hände geballt |
| glücklich | entspannt, aufrecht | Mundwinkel nach oben | geöffnet, aufmerksam | Arme locker |

Anschließend werden die Beobachtungen verglichen und ausgewertet.
Fragestellung: „Warum ist es nützlich zu erkennen, wie der andere sich gerade fühlt?“
In Rollenspielen können Dialoge geübt werden.

## Memory I

### Ziele:

- Förderung der Wahrnehmung
- Förderung der Ausdrucksfähigkeit

### Anleitung:

Ein Teilnehmer verlässt den Raum. Die übrigen ziehen eine Karte und geben sie dann zurück. Nun kehrt der Teilnehmer zurück und bekommt die Karten in die Hand. Damit geht er auf die übrigen zu, die sich locker im Raum verteilt haben. Nacheinander tippt er sie an, worauf der Betreffende das Gefühl nachahmt, welches auf seiner gezogenen Karte abgebildet ist. Der hinausgeschickte Teilnehmer hat die Aufgabe, anhand dieser Darstellung die richtige Karte zu finden und sie zuzuordnen, woraufhin der entsprechende Mitspieler sich setzen darf.

## Memory II

### Ziele:

- Förderung der Wahrnehmung
- Erkennen von Stimmungen
- Erweitern der eigenen kreativen Ausdrucksmöglichkeiten

### Anleitung:

Die Gefühlskarten liegen offen auf dem Tisch. Es werden unterschiedliche Musikstücke abgespielt, die unterschiedliche Stimmungen begünstigen (schwungvolle Musik, dramatisch, traurig etc.). Jeweils ein Teilnehmer darf eine passende Gefühlskarte der Musik zuordnen, andere dürfen ergänzen.

**Auswertung:**

Welche Kriterien haben zu eurer Einschätzung geführt? (Lautstärke, Tempo, Dur / Moll, Instrumente etc.)
Haben alle die gleiche Einschätzung vorgenommen, gab es Unterschiede?
Kann Musik Stimmungen beeinflussen?
Nutzt ihr selbst kreative Techniken, um Gefühle auszudrücken? (z.B. Singen, Schreiben, Malen, Musizieren, Werken u.ä.)

**Anmerkung:**

Gut eignet sich Filmmusik.

**Erweiterung:**

Die Übung kann gut als Einstieg zum Malen nach Musik dienen. Die Bilder können später betrachtet und den unterschiedlichen Musikstücken zugeordnet werden. Ggf. entstehen Gefühlsbilder, die aufgehängt werden können, und denen die GrupppenmitgliederInnen zu Beginn jedes Treffens je nach eigener Stimmung ihre Namen zuordnen.
Als weitere Ergänzung können passende Bewegungen zur Musik gefunden werden als Hinführung zum Thema „Körpersprache“.

# Bewegungsspiel

## Ziele:

- Förderung der Wahrnehmung
- Förderung der Ausdrucksfähigkeit
- Förderung der Aufmerksamkeit

## Anleitung:

Jeder Teilnehmer zieht eine Karte und schaut sie sich an, ohne dass ein anderer sie sieht. Nun setzt Musik ein und alle gehen durch den Raum und drücken in der Bewegung das Gefühl aus, das auf der Karte abgebildet ist. Schließlich macht der Anleiter die Musik aus und ruft laut ein Gefühl aus, z.B. ängstlich. Nun müssen sich alle Teilnehmer möglichst schnell hinter der Person aufstellen, die dieses Gefühl dargestellt hat.
Ggf. kann jeder Teilnehmer dem Betreffenden etwas Passendes sagen, z.B. bei ängstlich: „Ich passe auf dich auf." Oder bei glücklich: „Ich freue mich, dass es dir gut geht."

## Rollenspiel

**Ziele:**

- Gefühle wahrnehmen
- Gefühle deutlich zeigen
- Kooperation üben
- Aufmerksamkeit fördern

**Anleitung:**

Die Gruppe sitzt im Kreis. Ein Teilnehmer verlässt den Raum, die übrigen nehmen sich jeweils eine Karte vom verdeckten Stapel. Nun wird der Teilnehmer wieder hereingerufen und erhält die Aufgabe herausfinden, welcher der übrigen z.B. erschreckt oder gestresst ist. Zu diesem Zweck stellt er jedem Teilnehmer im Kreis die gleiche Frage:
„Weißt du, wann der Bus kommt?“
Die Antwort lautet:
„Der Bus kommt gleich!“
Dabei soll der Antwortsatz so ausgesprochen werden, dass das jeweilige Gefühl, welches auf der gezogenen Karte abgebildet ist, deutlich wird. Abschließend gibt der Fragende einen Tipp ab, welche Person die gesuchte ist.

Auswertungsfragen:
Woran hast du gemerkt, dass die Person sich ... gefühlt hat?
Wie hast du dich gefühlt, als du eine aggressive Antwort erhalten hast?
Hast du einen Unterschied wahrgenommen zur fröhlichen Antwort?
Wie würdest du wohl geantwortet haben?

In freien Rollenspielen mit je zwei Spielpartnern können Ideen entwickelt werden, wie der Dialog weitergehen könnte und den anderen vorgespielt werden. Insbesondere bei der wütenden oder genervten Antwort können unterschiedliche Varianten entwickelt werden, wie man darauf reagieren könnte, und welche der Möglichkeiten davon deeskalierend oder konfliktfördernd wirken würde.

**Anmerkungen:**

Häufig ist es gut, wenn die Rollenspielgruppen sich „zufällig“ durch Einteilung durch den Gruppenleiter ergeben.
Bei ungeübten Gruppen kann es hilfreich sein, wenn der Gruppenleiter exemplarisch mit einem Gruppenmitglied ein Rollenspiel vormacht, um Spielhemmungen zu vermindern.

## Soziometrische Übung

### Ziele:

- Förderung der Selbsteinschätzung
- Austausch
- Zusammenhänge zwischen Bewertung einer Situation und Befindlichkeit erkennen
- Neubewertung von Situationen
- Förderung der Eigenverantwortung

### Anleitung:

In einem Raum werden drei Karten an den Punkten eines gedachten Dreiecks aufgehängt: Glücklich, traurig und wütend.
Nun werden Ereignisse vorgelesen, und die Teilnehmer ordnen sich den entsprechenden Gefühlskarten zu. Anschließend wird das Ereignis oder die beschriebene Denkweise ein wenig verändert, und eine Neuzuordnung kann erfolgen.

Beispiele für Ereignisse und Denkweisen:

| | |
|---|---|
| Du hast hitzefrei. | Du hast hitzefrei und das tolle Fußballturnier fällt aus, für das du lange trainiert hast. |
| Dein Freund ruft an und teilt dir mit, dass er doch nicht mit ins Kino kommen kann. | Dein Freund ruft an und teilt dir mit, dass er doch nicht mit ins Kino kommen kann. Du wolltest mit einer Freundin sowieso viel lieber Eis essen gehen. |
| Deine Lehrerin gibt dir eine Matheabeit zurück. Du hast eine Vier bekommen. | Deine Lehrerin gibt dir eine Mathearbeit zurück. Du hast eine Vier bekommen. Davor hattest du zwei Fünfen geschrieben. |

| | |
|---|---|
| Du trittst in Hundescheiße. | Du trittst in Hundescheiße und denkst: „Super, nun habe ich einen ganzen Tag lang Glück!“ |
| Dein Freund, mit dem du dich verabreden wolltest, hat sich schon mit jemand anderem verabredet. Du denkst: „Wie kann der das machen? Findet der den anderen besser als mich?“ | Dein Freund, mit dem du dich verabreden wolltest, hat sich schon mit jemand anderem verabredet. Du denkst: „Auch okay. Wir können ja ein anderes Mal wieder etwas machen.“ |
| Du gehst zum Bus und hinter dir wird getuschelt. | Du gehst zum Bus und hinter dir wird getuschelt. Du denkst dir, deine tuschelnden Mitschüler motzen leise über einen Lehrer, den du auch nicht magst. |

Nach jeder Aufstellung werden die Teilnehmer kurz gefragt, warum sie sich dort hingestellt haben.

**Auswertung:**

Wie kann es sein, dass dasselbe Ereignis froh oder unglücklich stimmen kann?
Welche Rolle spielen Bewertungen oder Interpretationen?
Wie hängen unser Denken und unsere Befindlichkeit zusammen?
Sind Befindlichkeiten kontrollierbar / steuerbar?
Worüber ärgerst du dich im Alltag? Was denkst du dabei?

Ggf. können sich die Teilnehmer eigene Beispiele ausdenken und im Rollenspiel vortragen.

**Erweiterung:**

In freien Rollenspielen mit je zwei Spielpartnern können eigene Konfliktideen dargestellt und unterschiedliche Lösungen zu unterschiedlichen

Zeitpunkten des Konflikts gefunden werden. Hierzu könnte ein weiteres Gruppenmitglied die Rolle eines Mediators einnehmen.

**Anmerkung:**

Bei der Aufstellung gibt es kein Falsch oder Richtig.
Diese Einheit eignet sich gut als Einstieg in das Thema Kommunikation. Speziell Feedbackregeln und nicht verletzende Formen von Kritik können anschließend gut erarbeitet werden.

## Visualisierung der Eskalation von Konflikten (nach Friedrich Glasl)

### Ziele:

- Veranschaulichung der Phasen eines Konfliktes
- Entwickeln von Lösungsmöglichkeiten: Was ist wann möglich?
- Förderung der Selbsteinschätzung
- Förderung der Motivation zum Lösen von Konflikten

### Anleitung:

Ein Fallbeispiel wird in Streifen geschnitten und der Reihe nach vorgelesen.
Nach dem Vorlesen wird der jeweilige Textstreifen in der Mitte abgelegt. Gemeinsam wird das beschriebene Verhalten reflektiert. Über die Reaktionen des Konfliktpartners, die nicht beschrieben sind, werden Vermutungen geäußert und sich auf eine Variante geeinigt. Die Teilnehmer wählen die passenden Gefühlskarten für beide und legen sie zu dem Textstreifen.
Beispiel:

| *Phase* | *Handlung* | *Gefühlskarte* |
|---|---|---|
| 1. Verhärtung<br><br>Spannungen, Aufeinandertreffen von Meinungen | Du sitzt immer auf einem bestimmten Platz im Schulbus. Eines Tages ist der Platz von einem Mitschüler schon besetzt, als du einsteigst. Du sagst:<br>„Eyh, das ist mein Platz!“<br>Er antwortet: „Jetzt nicht mehr!“ | |

| | | |
|---|---|---|
| 2. Debatte<br><br>Überzeugungsarbeit mit Argumenten, Streit | Du beobachtest deinen Mitschüler genauer. Heute hat er sich mit deinem Freund zum Fußballspielen verabredet. Du findest ihn ziemlich blöd und streitest dich mit ihm, ohne dass du etwas erreichst: Dein Mitschüler sitzt weiter auf deinem Platz im Bus. | |
| 3. Aktionen<br><br>Der Druck wird erhöht, keine offene Kommunikation mehr | Du schneidest deinen Mitschüler und reagierst nicht, wenn er dich anspricht. Verteilst Einladungen zu deinem Geburtstag und machst deutlich, dass du ihn nicht einladen wirst. Dein Mitschüler meint zu anderen, dass deine Partys sowieso total langweilig sind. | |
| 4. Images / Koalitionen<br><br>Suche nach Sympathisanten, es geht darum, der Stärkere zu sein | Du unterhältst dich mit deinen Freunden darüber, dass dein Mitschüler einfach deinen Platz im Bus weggenommen hat. Du berichtest, dass man sich mit ihm nicht einigen könne und dass er sich einfach unmöglich verhalte. | |

| | | |
|---|---|---|
| 5. Gesichtsverlust<br><br>Verletzen der Identität durch Unterstellungen u.ä., Vertrauensverlust | Du erzählst, dass dein Mitschüler im Bus total laut gepupst hat – auf den Platz, auf dem er gesessen habe, kann keiner mehr sitzen. Außerdem trage er schon seit mehreren Tagen den gleichen Pullover – der merke noch nicht einmal, wie der stinke. | |
| 6. Drohstrategien<br><br>Versuch, die Kontrolle zu erhalten, Macht zu demonstrieren | Du drohst deinem Mitschüler, wenn er sich noch einmal auf deinen Platz setze, würdest du dem Lehrer erzählen, dass er das letzte Referat komplett abgeschrieben hätte. Außerdem würdest du dafür sorgen, dass er aus der Fußballmannschaft fliege. Du zeigst ihm die Telefonnummer des Trainers, den du jederzeit anrufen könntest. | |
| 7. Begrenzte Vernichtungsschläge<br><br>Dem Konfliktpartner soll geschadet werden mit allen möglichen Mitteln | Du schreibst an die Toilettentür, dass dein Mitschüler total doof ist. Im Bus setzt du dich hinter ihn und buffst ihn in den Rücken. Heute hast du ihm außerdem seinen Schulranzen umgekippt und „ganz aus Versehen“ seinen Füller zertreten. | |

| | | |
|---|---|---|
| 8. Zersplitterung<br><br>Dem Konfliktpartner soll massiv geschadet werden, Konfliktlösung = Vernichtung | Während der Klassenarbeit erzählst du deinem Lehrer, dass du beobachtet hast, wie dein Mitschüler abgeschrieben hat. Du nennst ihn nur noch „Furzkissen", fowlst ihn beim Fußballspielen, und schleichst ihm auf die Toilette hinterher und hältst die Tür von außen zu. Per Handy hast du ein Foto verschickt, wie dein Mitschüler wütend von der Toilette kommt. | |
| 9. Gemeinsam in den Abgrund<br><br>Eigener Schaden wird billigend in Kauf genommen für die Vernichtung des Konfliktpartners | Du stehst früher auf und läufst zu der Bushaltestelle deines Mitschülers. Du lauerst ihm auf und willst ihn ordentlich verprügeln. Büßen soll er – alles andere ist dir egal! | |

**Auswertung:**

Wie interpretieren die Konfliktpartner die Situationen?
Welche Ängste haben die Konfliktpartner?
Welches ist das vorrangige Gefühl der beiden?
Mit welchem Gefühl fühlen wir uns am wohlsten?
An welcher Stelle könnten sich die Konfliktpartner einigen?
Welche Bedingungen müssten hierfür erfüllt sein?
Wann brauchen sie Unterstützung?
Wie könnte eine Lösung aussehen?
Habt ihr einen ähnlichen Konfliktverlauf schon einmal erlebt / beobachtet?

**Anmerkung:**

Durch die fortwährende Nutzung der „Wutkarte“ wird eindrücklich visualisiert, dass keine anderen auf den Konflikt bezogenen Gefühle mehr das Handeln bestimmen. Die Absurdität eines solchen Konfliktes wird in der Regel deutlich wahrgenommen.

Diese Übung kann ein guter Einstieg sein, um das Thema „Macht“ zu bearbeiten, die unterschiedlichen Ebenen einer Nachricht oder das „Eisbergprinzip“.

**Erweiterung:**

Geschilderte Konflikte können im Rollenspiel nachempfunden werden mit unterschiedlichen Lösungsmöglichkeiten zu unterschiedlichen Zeitpunkten des Konflikts.

© 2012 BORGMANN MEDIA • Dortmund • B 9448 Pflug

© 2012 *BORGMANN MEDIA* • Dortmund • B 9448 Pflug

© 2012 *BORGMANN MEDIA* • Dortmund • B 9448 Pflug